LES Cahiers DE LA Luciole

CE2 cycle 2

NOUVEAUX PROGRAMMES 2016

Questionner le monde

- LE VIVANT
- LA MATIÈRE
- LES OBJETS

Sous la direction d'Albine Courdent
Maitre de conférences et formatrice en didactique
des Sciences de la Vie et de la Terre
à l'ESPE Lille Nord de France

Jérôme Blondel
Professeur des écoles
Maitre formateur pour l'Académie de Lille

Anne-Amandine Decroix
Maitre de conférences et formatrice en didactique
de la Physique à l'ESPE Lille Nord de France

Et Patricia Beck, Dominique Dessobry,
Abderrahmane Feriati, Perrine Hyvon

Cet ouvrage est rédigé avec l'orthographe recommandée
par le ministère de l'Éducation nationale.

Présentation des cahiers de la Luciole

Les Cahiers de la Luciole sont organisés selon les thèmes du programme :
- le vivant
- la matière
- les objets techniques

Un thème, c'est :

▶ **Une réactivation des connaissances**

acquises à l'école ou dans la vie quotidienne : **Ce que je sais déjà**.

▶ **Des chapitres permettant de résoudre un problème scientifique**

Je me demande

L'élève observe une situation proche de sa vie quotidienne. Il est amené à formuler des hypothèses ou à exprimer ses conceptions.

Je cherche

Cette partie est structurée par des questions qui organisent les connaissances à acquérir. Pour y répondre, l'élève est invité à mener des expériences simples et pertinentes, à modéliser et à interroger des textes documentaires.

J'ai compris que...

En fin de chapitre, un espace est réservé à la rédaction d'une synthèse individuelle ou collective.

▶ **Un bilan des connaissances et compétences**

utilisable comme support de révision.

➤ À télécharger gratuitement sur www.editions-hatier.fr : le guide de l'enseignant, avec des synthèses rédigées ou à compléter, utilisables en fonction de l'autonomie des élèves.

Sommaire

Comment reconnaitre le monde vivant ?

Ce que je sais déjà 4

1. Comment se déroule la vie d'une plante à fleurs ?............... 6
2. Comment se déroule la vie des animaux ? 9
3. Comment s'organisent les relations alimentaires dans la nature ?... 12
4. Que deviennent les déchets de la cantine ? 15
5. Pourquoi faut-il économiser le papier ? 17
6. Quelles activités physiques sont bonnes pour la santé ? 20
7. Pourquoi faut-il équilibrer et adapter son alimentation ? 23
   Bilan 25

Qu'est-ce que la matière ?

Ce que je sais déjà 27

8. À quelle température la glace change-t-elle d'état ? 29
9. Dans quelles conditions l'eau peut-elle disparaitre ? 34
10. Qu'est devenue l'eau qui a disparu ? 38
11. Où trouve-t-on de l'air ? 40
12. L'air, qu'est-ce que c'est ? 43
    Bilan 46

Les objets techniques, qu'est-ce que c'est ?

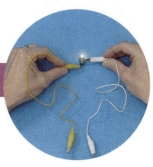

Ce que je sais déjà 48

13. Comment faire circuler le courant électrique dans un circuit ?... 50
14. Fabriquons un jeu de questions-réponses....................... 53
15. Comment se protéger des dangers de l'électricité ? 55
16. Utilisons le traitement de texte pour écrire un compte rendu.... 58
    Bilan 62

© Hatier, Paris, 2016. ISBN : 978-2-218-99897-3.

Sous réserve des exceptions légales, toute représentation ou reproduction intégrale ou partielle, faite, par quelque procédé que ce soit, sans le consentement de l'auteur ou de ses ayants droit, est illicite et constitue une contrefaçon sanctionnée par le Code de la Propriété Intellectuelle. Le CFC est le seul habilité à délivrer des autorisations de reproduction par reprographie, sous réserve en cas d'utilisation aux fins de vente, de location, de publicité ou de promotion de l'accord de l'auteur ou des ayants droit.

Le vivant

Ce que je sais déjà

Les **animaux** et les **végétaux** sont des êtres vivants. Ils ont besoin de **s'alimenter** et de **respirer** pour rester vivants et grandir.

Un singe   Un phoque   Des radis

Les animaux ne naissent pas tous et ne grandissent **pas tous de la même manière.**

Chez certains animaux comme l'homme, le jeune et l'adulte se ressemblent.

D'autres animaux, comme la coccinelle, changent de forme au cours de leur vie.

Les êtres vivants se mangent entre eux : ils constituent des **chaines alimentaires**.

est mangé(e) par · est mangé(e) par · est mangé(e) par · est mangé(e) par

Pour être en bonne santé, je mange des **aliments variés**. Je privilégie ceux qui sont bons pour **mon corps**.

Je garde un rythme de **repas régulier**.

1 Comment se déroule la vie d'une plante à fleurs ?

Je me demande

1 D'après toi, quelles sont les grandes étapes de la vie d'une plante à fleurs ? Observe le **DOC. 1**, puis note tes réponses.

DOC. 1 Un pissenlit au cours du temps

Je cherche

● **D'où vient la jeune plante ?**

2 À l'aide du **DOC. 2**, explique ce qui se passe lors de la germination.

DOC. 2 La germination du haricot

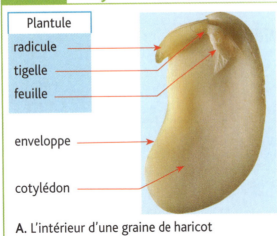

A. L'intérieur d'une graine de haricot

Plantule
- radicule
- tigelle
- feuille

enveloppe

cotylédon

B. Les étapes de la germination du haricot

Que devient la jeune plante ?

3 Relie chaque dessin du **DOC. 3** à la phrase qui convient.

DOC. 3 Différents aspects d'un plant de pois au cours du temps

| La plante donne des fruits : c'est la fructification. | La graine germe, la petite plante sort : c'est la germination. | La plante fleurit : c'est la floraison. | La plante grandit et devient adulte. |

Que se passe-t-il quand la plante a donné ses fruits ?

4 Deux évènements peuvent se produire après l'apparition des graines. Lesquels ? Aide-toi du **DOC. 4** pour répondre.

....

....

DOC. 4 Un plant de haricot après la fructification

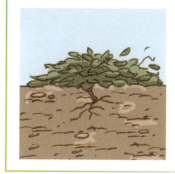 

Quelles sont les étapes de la vie d'une plante à fleurs ?

5 Complète le DOC. 5.

■ Écris les mots suivants à la place des pointillés bleus : jeunes plantes – plantes adultes – fleurs – fruits – plantes mortes

■ Recopie ces termes dans les cases : germination – croissance – floraison et fructification – vieillissement – dissémination des graines

DOC. 5 Le cycle de vie d'une plante à fleurs

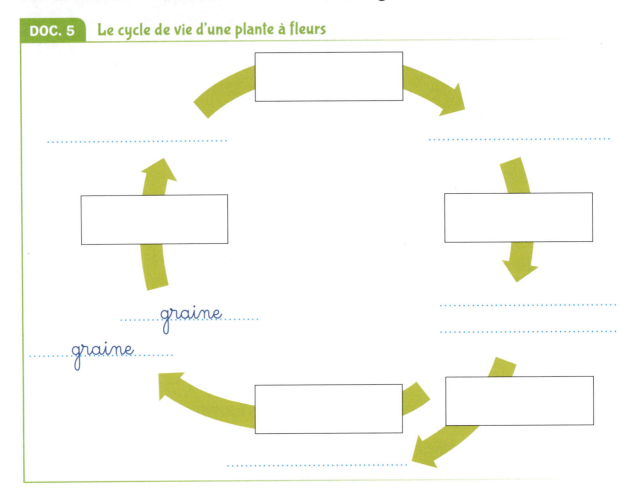

J'ai compris que...

Les mots clés
cycle de vie
graine
plante
fleur
fruit
germination
croissance

2 Comment se déroule la vie des animaux ?

10\05\2019

Je me demande

1 D'après toi, quelles sont les grandes étapes de la vie d'un oiseau ? Observe le DOC. 1, puis note tes réponses.

DOC. 1 Un moineau au cours du temps

la ponte de l'œuf • l'éclosion de l'œuf • adulte • la parade nupsiale

■ Donne un exemple d'animal pour lequel les étapes sont un peu différentes.

la grenouille

Je cherche

● **Comment nait et grandit un petit mammifère ?**

2 Relie chaque illustration au commentaire qui correspond.

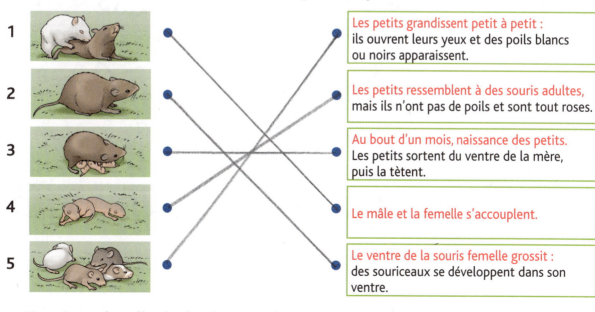

1 — Les petits grandissent petit à petit : ils ouvrent leurs yeux et des poils blancs ou noirs apparaissent.

2 — Les petits ressemblent à des souris adultes, mais ils n'ont pas de poils et sont tout roses.

3 — Au bout d'un mois, naissance des petits. Les petits sortent du ventre de la mère, puis la tètent.

4 — Le mâle et la femelle s'accouplent.

5 — Le ventre de la souris femelle grossit : des souriceaux se développent dans son ventre.

■ Numérote dans l'ordre les étapes suivantes :

Croissance du jeune [3]   Naissance du petit [2]   Reproduction des adultes [1]

Comment naît et grandit un insecte ?

3 Légende le **DOC. 2** avec les mots suivants : ~~papillon~~ – ~~chenille~~ – ~~œufs~~ – ~~chrysalides~~ ~~(cocons)~~

DOC. 2 Les étapes du développement du ver à soie *(Bombyx mori)*

œufs — chenille — chrysalides — papillon

4 Des élèves ont fait un élevage de vers à soie. Ils ont travaillé en groupes et ont noté leurs observations dans leur cahier de chercheur **(DOC. 3)**. Lis leurs comptes rendus.

DOC. 3 Comptes rendus de cinq groupes d'élèves

A. Dessins réalisés par cinq groupes d'élèves suite à leurs observations

Groupe d'élèves	Forme de l'animal	Forme de l'animal quelque temps plus tard
Groupe 1		
Groupe 2		
Groupe 3		
Groupe 4		
Groupe 5		

B. Extrait du cahier de chercheur des élèves du groupe 1

> Nous avons vu 6 tailles différentes de chenilles : les chenilles sont devenues de plus en plus grandes. À chaque fois qu'une chenille grandit, elle perd sa peau : cela s'appelle la mue.

C. Extrait du cahier de chercheur des élèves du groupe 3

> Nous avons fait des recherches sur le cocon. Il cache une transformation que l'on appelle métamorphose : dans le cocon, la chenille (larve) devient un papillon (adulte).

■ En t'aidant du **DOC. 3**, complète le **DOC. 4** en écrivant les mots suivants à la place des pointillés bleus : papillon mâle – œufs – chrysalides – chenilles plus grandes – papillon femelle – chenilles de petite taille

DOC. 4   Le cycle de vie du ver à soie

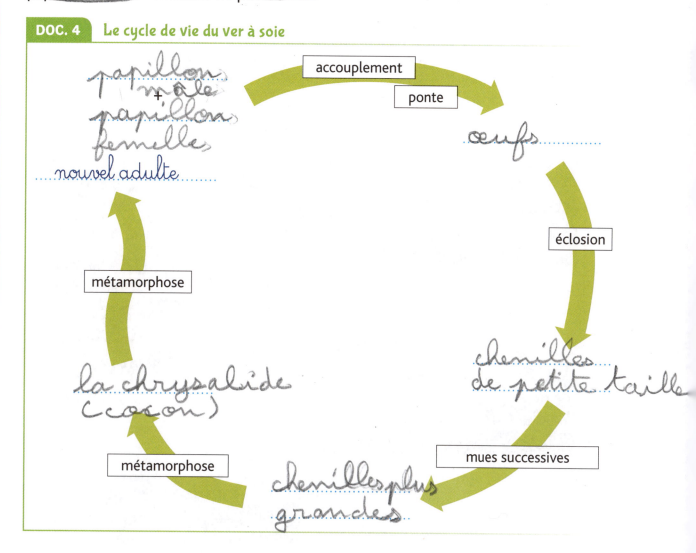

J'ai compris que...

Complète chaque colonne pour comparer le cycle de vie de ces animaux.

	Oiseau	Souris	Ver à soie
D'où sort le petit ?	œuf	ventre de femelle	œuf
Comment grandit le petit ?	taille poids	taille poids	mue métamorphose
À quel moment de sa vie le petit ressemble-t-il à ses parents ?	naissance (éclosion)	naissance (mise bas)	adulte (après plusieurs transformation)

3 Comment s'organisent les relations alimentaires dans la nature ?

Je me demande

1 Observe le **DOC. 1**, puis écris une chaine alimentaire pour chaque situation. Relie les espèces par une flèche → qui signifie « est mangé par ».

DOC. 1 Des espèces vivant dans le même milieu

....
....

....
....

....
....

■ À ton avis, pourquoi certains animaux font-ils partie de plusieurs chaines ?

....
....

Je cherche

Comment les chaines alimentaires sont-elles organisées ?

2 Complète les phrases suivantes.

– Dans les chaines alimentaires, les premiers maillons sont toujours des ....
.... Exemple : ....
– Les deuxièmes maillons sont toujours des ....
Exemple : ....

3 Complète le DOC. 2 à partir de tes réponses à la première question.

DOC. 2 Un ensemble de chaines alimentaires dans la forêt

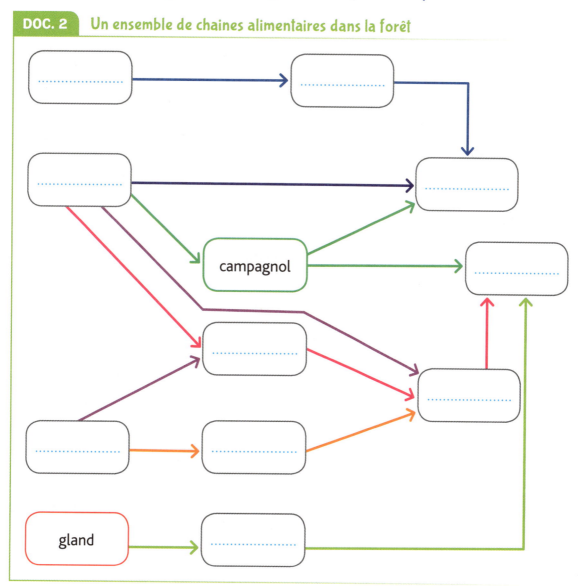

Quand des chaines possèdent un maillon commun, elles peuvent être connectées entre elles. Elles forment ainsi un **réseau alimentaire**.

Que se passe-t-il lorsqu'un maillon d'un réseau disparait ?

4 Sur le **DOC. 2**, barre la case verte. Que se passe-t-il si ce maillon disparait ?

....

....

....

■ Qu'en déduis-tu sur l'utilité d'un réseau alimentaire très développé ?

....

....

....

■ Pourquoi est-il important de préserver la biodiversité ?

....

....

....

....

Le mot juste

Un réseau alimentaire est appelé « réseau trophique » en langage scientifique. Il connecte plusieurs chaines alimentaires d'un même milieu, reliant ainsi différentes espèces. « Trophique », vient d'un mot grec ancien qui veut dire « nourriture ».

J'ai compris que...

Les mots clés
chaine alimentaire
maillon
ressource alimentaire
réseau alimentaire
biodiversité

4 Que deviennent les déchets de la cantine ?

Je me demande

1 Trie les déchets du **DOC. 1**.

– Les déchets qui proviennent d'animaux ou de végétaux (biodégradables) : ....
....
....

– Les autres déchets : ....
....
....

■ Les déchets biodégradables se décomposent, mais ce n'est pas le cas des autres déchets. D'après toi, que peut-on en faire ?

....
....

DOC. 1 Les déchets d'une cantine

Je cherche

Que deviennent les déchets biodégradables ?

2 Lis le **DOC. 2**, puis propose des idées pour que les déchets de la cantine ne soient pas tous jetés avec les ordures ménagères.

....
....

DOC. 2 Les déchets biodégradables

Les déchets qui proviennent des animaux ou des végétaux (arêtes de poisson, coquilles d'œuf, épluchures de légumes et de fruits…) peuvent être collectés. Ils sont envoyés dans un centre où ils sont transformés en compost (engrais) ou en gaz (pour chauffer les maisons par exemple).
Ces déchets peuvent servir de nourriture à des animaux (poules, lapins).
Il est possible aussi de les transformer en compost dans un composteur ou dans un lombricomposteur.

Un lombricomposteur

Que deviennent les emballages quand ils sont bien triés ?

3 Relie chaque objet recyclé du DOC. 3 au matériau avec lequel il est fabriqué.

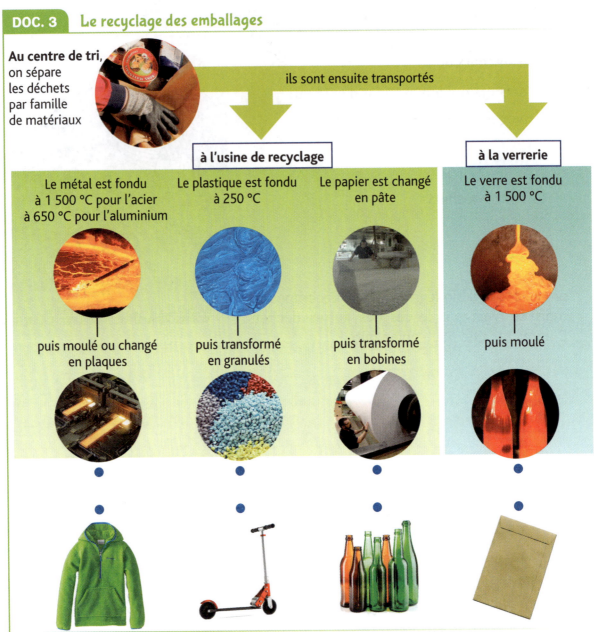

DOC. 3 — Le recyclage des emballages

J'ai compris que...

Les mots clés
- déchet
- matière biodégradable
- emballage
- compost
- recyclage

5 Pourquoi faut-il économiser le papier ?

Je me demande

1 Penses-tu que tous ces papiers peuvent être recyclés ?

Mouchoirs	Papier calque	Cahiers	Enveloppes	Papiers brillants
☐ Oui ☐ Non	☐ Oui ☐ Non	☐ Oui ☐ Non	☐ Oui ☐ Non	☐ Oui ☐ Non

■ À ton avis, que devient le papier qui n'est pas recyclé ?

☐ Il est brulé.   ☐ Il est enfoui dans une décharge.

Je cherche

● Comment fabrique-t-on le papier ?

2 Lis le DOC. 1, puis réponds aux questions.

DOC. 1   La fabrication du papier

• Pour fabriquer de la **pâte à papier vierge**, la première étape consiste à broyer du bois en petits morceaux. En France, on utilise des déchets de scieries et le bois coupé pendant l'entretien des forêts. Mais dans de nombreux pays, on détruit des forêts pour obtenir le bois. On ajoute ensuite aux fibres de bois beaucoup d'eau (30 000 litres pour 1 tonne de pâte) et des produits chimiques qui permettent d'obtenir un papier bien blanc, puis on fait chauffer le tout.

• Pour fabriquer de la **pâte à papier recyclé**, on utilise de vieux papiers collectés grâce au tri sélectif (les papiers non collectés sont brulés ou enfouis dans des décharges). On les découpe en petits morceaux, puis on les met à tremper dans de grandes cuves d'eau (9 000 litres pour 1 tonne de pâte). On filtre le tout pour enlever le plastique et les agrafes, qui peuvent eux aussi être recyclés.

• Lorsque la pâte à papier (vierge ou recyclé) est prête, il faut la transformer en feuilles : elle est égouttée, pressée, séchée, affinée et enroulée en bobines. Elle pourra ensuite être découpée en feuilles plus petites.

Une bobine de papier

■ **Quel est le processus de fabrication de pâte à papier qui consomme le plus :**

– d'eau ? ☐ la pâte à papier vierge ☐ la pâte à papier recyclé

– d'énergie ? ☐ la pâte à papier vierge ☐ la pâte à papier recyclé

– de bois ? ☐ la pâte à papier vierge ☐ la pâte à papier recyclé

■ **À partir de quoi la pâte à papier recyclé est-elle fabriquée ?**

....

....

■ **Et la pâte à papier vierge ?**

....

....

■ **Quelle est la fabrication de papier qui a le plus d'influence sur les ressources de la planète ?**

....

....

Comment mieux gérer le papier à l'école ?

3 Avec ta classe, mène une enquête pour savoir comment est utilisé le papier dans ton école. Pour t'aider, voici des questions à poser : tu peux bien sûr compléter.

Questions aux élèves	Oui	Non
1. Utilises-tu des mouchoirs en papier recyclé ?		
2. As-tu des cahiers en papier recyclé ?		
3. Ton professeur distribue-t-il des feuilles imprimées des deux côtés ?		
4. Imprimes-tu sur des feuilles de brouillon ?		
5. Y a-t-il un bac de récupération de feuilles utilisées d'un seul côté dans ta classe ?		
6. Y a-t-il une poubelle uniquement pour le papier dans la classe ?		
Questions aux enseignants		
7. Lisez-vous vos messages électroniques sur l'écran, sans les imprimer ?		
8. Imprimez-vous les feuilles des deux côtés ?		
9. Utilisez-vous des feuilles imprimées d'un seul côté pour vos brouillons ?		
10. Utilisez-vous du papier recyclé ?		
11.		

18

■ Fais le bilan de ton enquête. Note les questions qui ont reçu le plus de réponses négatives : ce sont les points qu'il faut améliorer dans l'école.

....

....

....

4 Dresse une liste d'actions que vous pourriez faire dans l'école :

■ pour réduire la consommation de papier.

....

....

....

■ pour réutiliser du papier.

....

....

....

■ pour trier le papier.

....

....

....

J'ai compris que...

Les mots clés

papier

vierge

recyclé

fabrication

polluante

déchet

influence sur l'environnement

réduire

6 Quelles activités physiques sont bonnes pour la santé ?

Je me demande

1 Observe le **DOC. 1**. Quel enfant parait malade et quel enfant semble en pleine forme ?

....

DOC. 1 Le dimanche d'Elias et celui de Benjamin

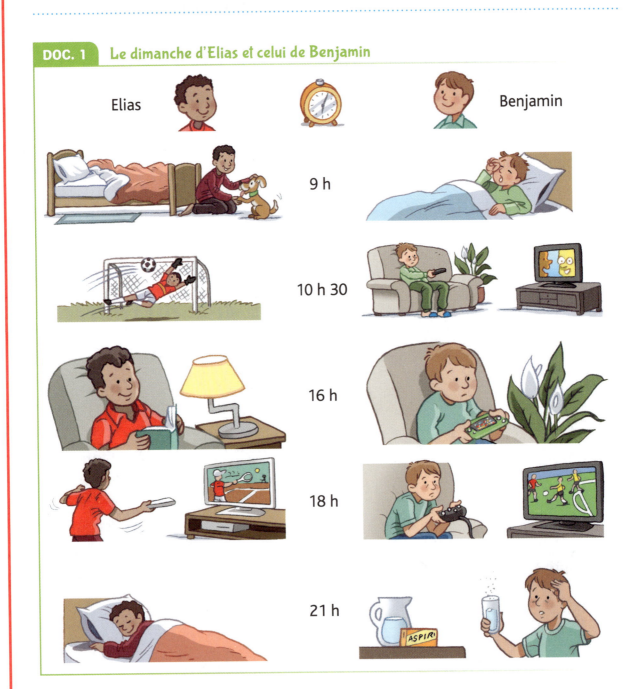

■ À ton avis, quels sont les rythmes de vie et les activités bénéfiques pour la santé ?

....
....

Je cherche

Quelles activités me permettent de me sentir bien ?

2 Lis le DOC. 2 et remplis le tableau.

DOC. 2 — Des loisirs différents

Basile : « Quand je fais du basket le mercredi et le samedi, j'active mon souffle et le fonctionnement de mes muscles. Après le match, je suis en pleine forme. »

Victoria : « Quand je regarde la télé, presque tous les jours, pendant plusieurs heures, je me sens fatiguée et j'ai mal à la tête. »

Maude : « Quand je danse, deux fois par semaine, mon corps et mon esprit se détendent. Après le cours, je me sens vraiment bien. »

Prénoms des enfants	Loisirs	Effets sur le corps et la santé	Fréquence
....	basket	....	....
....	danse	....	....
....	télévision	....	....

■ Pourquoi est-il important d'avoir une activité physique régulière ?

....

Quels sont les besoins en sommeil pour être en forme ?

3 Fais une enquête : pose les questions du tableau à tes camarades et à des adultes de ton entourage, puis complète-le avec leurs réponses.

	Camarade 1	Camarade 2	Adulte 1	Adulte 2
À quelle heure : – te couches-tu ? – te lèves-tu ?				
Pourquoi vas-tu te coucher ?				
Comment te sens-tu au réveil ?				
Comment te sens-tu dans la journée ?				
Que t'apporte une bonne nuit de sommeil ?				

■ **Comment se sentent les personnes qui dorment plus longtemps que les autres ?**

....

■ **À quoi sert le sommeil ?**

....

■ **Les temps de sommeil sont-ils les mêmes pour les adultes et pour les enfants ? Pourquoi ?**

....

....

J'ai compris que...

Les mots clés

activité physique régulière

sommeil

bonne santé

7 Pourquoi faut-il équilibrer et adapter son alimentation ?

Je me demande

1 Quels menus conseillerais-tu à Sarah et Nassim ?

Cet après-midi, c'est le cross de l'école. Qu'est-ce que je dois manger ce midi pour bien courir ?

Je me suis cassé le bras. J'ai oublié ce que m'a recommandé le médecin...

....
....
....
....

....
....
....
....

Je cherche

● **La composition des repas a-t-elle des conséquences sur la santé ?**

2 Relie chaque comportement alimentaire à ses effets sur la santé.

■ Colorie en vert les comportements qui te permettent de rester en bonne santé.

Je mange beaucoup de fruits et de légumes.	Ces aliments viennent des animaux. Ils fournissent les éléments nécessaires pour construire le corps et le faire grandir.
Je bois du lait, je mange des fromages et des yaourts.	Les produits laitiers apportent du calcium pour avoir des os et des dents solides.
Je mange de la viande, du poisson et des œufs.	Ces aliments apportent des vitamines et aident le corps à bien fonctionner. Il faut en consommer à chaque repas.
Je mange des pâtes, du riz, du pain.	Les sucreries et les matières grasses doivent être consommées en petite quantité, car elles apportent beaucoup d'énergie. Si on en mange trop, sans dépenser d'énergie, on peut avoir des problèmes de santé.
Je mange souvent des frites et j'adore les bonbons.	Les féculents et les céréales fournissent l'énergie nécessaire aux activités ordinaires et aux efforts physiques qui durent longtemps.

23

Comment composer un repas qui répond à mes besoins de tous les jours ?

3 Repère les familles d'aliments. Dans le **DOC. 1**, entoure :

– **en rouge :** les viandes, les poissons, les œufs
– **en orange :** les féculents et les céréales
– **en bleu :** les produits laitiers
– **en vert :** les fruits et les légumes
– **en rose :** les produits sucrés
– **en jaune :** les produits gras

DOC. 1 Quelques exemples d'aliments

4 Imagine un menu équilibré à partir des aliments du **DOC. 1**.

Un menu équilibré et varié contient des aliments de chaque famille en quantité raisonnable.

MENU ÉQUILIBRÉ
Entrée : ....
Plat : ....
....
Dessert : ....
Boisson : ....

J'ai compris que...

Les mots clés
adapter
alimentation
besoin
corps
activité ordinaire
équilibrer

24

Bilan

Le vivant

Ce que je sais maintenant sur le monde vivant

▸ Toutes les espèces vivantes suivent un **cycle de vie** au cours duquel les adultes donnent naissance à de nouveaux individus.

▸ La vie des individus d'une espèce suit toujours les **mêmes étapes** :
– la **naissance** (pour les animaux) ou la **germination** (pour les plantes à fleurs) ;
– la **croissance** (augmentation de la taille) et le **développement** (le jeune acquiert les caractéristiques de l'adulte) ;
– la reproduction à l'**âge adulte**.

▸ Dans un milieu de vie, les animaux et les végétaux forment des **chaines alimentaires**. Le premier maillon d'une chaine est toujours un végétal.

▸ Quand des chaines alimentaires ont un maillon en commun, elles sont reliées : on parle alors de **réseau alimentaire**.

▸ Quand un maillon disparait dans un réseau alimentaire peu développé, toutes les relations sont perturbées. Il faut donc préserver la **biodiversité**, la variété du monde vivant.

Ce que je sais maintenant sur la santé

Pour être en bonne santé :

◗ **J'ai une alimentation variée et équilibrée.**
Pour avoir de l'énergie, construire mon corps
et le faire fonctionner correctement :
– je choisis des aliments de chaque famille ;
– je limite les aliments trop sucrés et trop gras ;
– je bois de l'eau à volonté ;
– je mange au moment des repas
  et pas entre les repas.

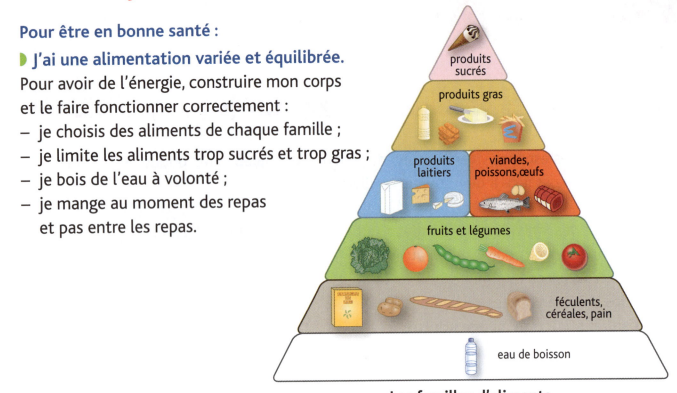

Les familles d'aliments

◗ **Je pratique une activité physique régulière.**

◗ **Je dors bien pour récupérer des forces.** Entre huit et dix ans, un enfant a besoin de dormir dix à douze heures par nuit.

Maintenant je sais faire...

◗ **Adopter un comportement responsable vis-à-vis de l'environnement et de la santé grâce à une attitude raisonnée fondée sur des connaissances.**
– J'ai identifié les actions qui permettent de réduire les déchets et de les recycler.
– J'ai mené une enquête en questionnant mon entourage pour comprendre
  que le sommeil me permet de récupérer des forces.

◗ **Extraire d'un texte documentaire une information qui répond à une question.**
– J'ai pu identifier des pratiques physiques qui favorisent mon bienêtre grâce aux témoignages que j'ai recueillis.
– J'ai exploité les informations du texte sur la fabrication du papier.

◗ **Restituer les résultats des observations :** j'ai expliqué par écrit ce qui se passe lors de la germination.

La matière

Ce que je sais déjà

La matière existe sous **plusieurs formes (ou états)**.

Un **solide** (comme un morceau de sucre) a une forme qui lui est propre.

Un **liquide** (comme l'eau liquide) prend la forme du récipient qui le contient. Sa surface au repos est horizontale.

Dans la nature, on trouve de **l'eau à l'état liquide** comme dans les lacs, les rivières, les mers…

On trouve aussi de **l'eau à l'état solide** : la neige, les glaciers, la grêle…

 L'eau peut passer de l'état solide à l'état liquide, c'est la **fusion**.

 L'eau peut passer de l'état liquide à l'état solide, c'est la **solidification**.

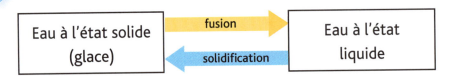

 L'eau solide (la glace) occupe plus de place que l'eau liquide.

Pourtant, la masse ne change pas lorsque l'eau liquide devient de l'eau solide (et inversement).

Le volume de l'eau et le volume de la glace

8 À quelle température l'eau change-t-elle d'état ?

Je me demande

1 Sais-tu à quelle température l'eau passe de l'état solide à l'état liquide, comme sur le **DOC. 1** ?

....

....

■ Et de l'état liquide à l'état solide ?

....

....

DOC. 1 L'eau passe de l'état solide à l'état liquide

Je cherche

● À quelle température l'eau solide devient-elle liquide ?

2 Le **DOC. 2** montre une expérience réalisée par des élèves pour trouver la température à laquelle la glace fond.

Ce que je fais

■ Liste le matériel nécessaire, puis réalise le montage du **DOC. 2**.

....

....

....

....

....

DOC. 2 Montage pour trouver la température de fusion de la glace

29

Ce qui se passe

■ Note les résultats obtenus : écris la température relevée dans le tableau et entoure le ou les états que tu observes.

Temps	Au départ	2 min	4 min	6 min	8 min	10 min	12 min	14 min	16 min	18 min
Température	.....°C	.....°C	.....°C	.....°C	.....°C	.....°C	.....°C	.....°C	.....°C	.....°C
État	solide liquide	solide liquide	solide liquide	solide liquide	solide liquide	solide liquide	solide liquide	solide liquide	solide liquide	solide liquide

Ce que je comprends

■ Réponds aux questions suivantes.

● Quels étaient la température et l'état de l'eau :
– au début de l'expérience ?   ....°C (état ....)
– à la fin de l'expérience ?   ....°C (état ....)

● Comment évolue la température de l'eau solide pendant les premières minutes de l'expérience ?
....

● Quelle était la température quand tu as vu les premières gouttes d'eau liquide apparaitre ? ....

● Quelle température as-tu notée plusieurs fois dans le tableau ?   ....°C

La **température de fusion** de l'eau est la température à laquelle l'eau solide devient de l'eau liquide.

Le mot juste

« Veux-tu faire fondre un sucre dans ton café ? » Tu as peut-être déjà entendu cette expression. Elle n'est pas juste scientifiquement, car le sucre ne fond pas dans l'eau. En effet, le sucre solide ne devient pas du sucre liquide dans l'eau : il *se dissout*.

30

3 Le **DOC. 3** présente un graphique réalisé par deux élèves qui ont fait la même expérience que toi. Repasse en bleu la partie de la courbe où la température ne varie pas.

DOC. 3 Les températures relevées pendant l'expérience

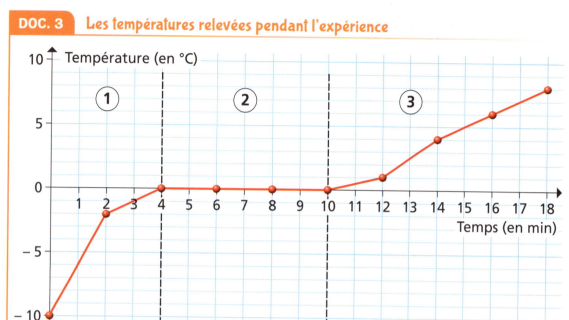

■ Entoure la ou les bonnes réponses.

– Dans la zone 1, l'eau est :   solide   liquide   solide et liquide
– Dans la zone 2, l'eau est :   solide   liquide   solide et liquide
– Dans la zone 3, l'eau est :   solide   liquide   solide et liquide

Pendant tout le temps où la fusion se produit (tant qu'il y a de l'eau solide et de l'eau liquide), la température ne varie pas : c'est un **palier**.

À quelle température l'eau liquide devient-elle solide ?

4 Le **DOC. 4** (page suivante) montre une expérience réalisée pour trouver la température à laquelle les cristaux de glace apparaissent.

Ce que je fais

■ Prépare le matériel nécessaire, puis réalise le montage du **DOC. 4**.

....

....

31

DOC. 4 Montage pour trouver la température de solidification de l'eau

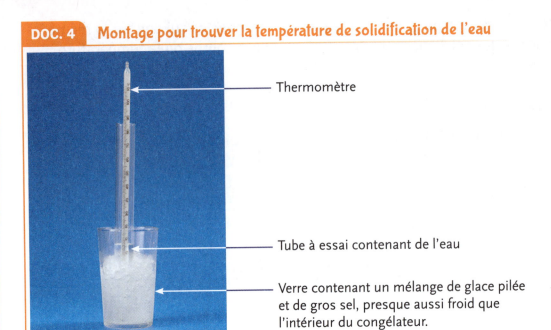

- Thermomètre
- Tube à essai contenant de l'eau
- Verre contenant un mélange de glace pilée et de gros sel, presque aussi froid que l'intérieur du congélateur.

Ce qui se passe

■ Note les résultats obtenus : écris la température relevée dans le tableau ci-dessous et entoure le ou les états que tu observes.

Temps	Au départ	2 min	4 min	6 min	8 min	10 min	12 min	14 min	16 min	18 min
Température	..... °C	..... °C	..... °C	..... °C	..... °C	..... °C	..... °C	..... °C	..... °C	..... °C
État	solide liquide	solide liquide	solide liquide	solide liquide	solide liquide	solide liquide	solide liquide	solide liquide	solide liquide	solide liquide

Ce que je comprends

■ Réponds aux questions suivantes.

- Quels étaient la température et l'état de l'eau :
– au début de l'expérience ?   .... °C (état ....)
– à la fin de l'expérience ?   .... °C (état ....)

- Comment évolue la température de l'eau solide pendant les premières minutes ?
....

- Quelle était la température quand tu as vu les premiers cristaux de glace apparaitre ?
....

- Quelle température as-tu notée plusieurs fois dans le tableau ? .... °C

La **température de solidification** de l'eau est la température à laquelle l'eau liquide devient de l'eau solide.

5 Le **DOC. 5** présente un graphique réalisé par deux élèves qui ont fait la même expérience que toi.
Repasse en bleu la partie de la courbe où la température ne varie pas.

DOC. 5 Les températures relevées pendant l'expérience

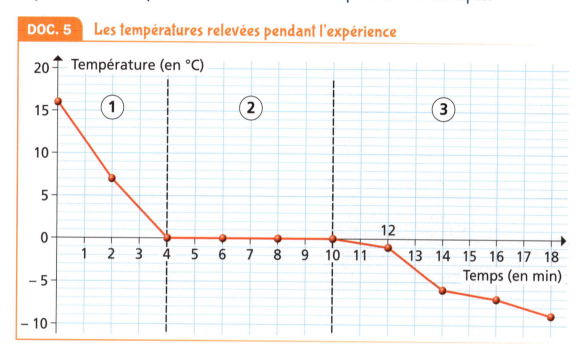

■ Entoure la ou les bonnes réponses.

– Dans la zone 1, l'eau est :   solide   liquide   solide et liquide
– Dans la zone 2, l'eau est :   solide   liquide   solide et liquide
– Dans la zone 3, l'eau est :   solide   liquide   solide et liquide

Pendant tout le temps où la solidification se produit (tant qu'il y a de l'eau solide et de l'eau liquide), la température ne varie pas : c'est un **palier**.

J'ai compris que…

Les mots clés
fusion
solidification
température
glace
eau
palier

33

9 Dans quelles conditions l'eau peut-elle disparaitre ?

Je me demande

1 Observe les **DOC. 1** et **2**.

DOC. 1 — Casserole d'eau bouillante

■ Que se passe-t-il dans chaque cas ?

....

....

....

....

....

....

....

....

DOC. 2 — Une flaque d'eau le matin, juste après la pluie, et l'après-midi

Une flaque d'eau le matin

La même flaque l'après-midi

■ Qu'y a-t-il de différent dans ces deux cas ?

....

....

....

....

....

Je cherche

À quelle température l'eau bout-elle ?

2 Le **DOC. 3** montre une expérience réalisée pour trouver la température à laquelle l'eau bout.

DOC. 3 Mesure de la température de l'eau qui chauffe

Ce que je fais

■ Liste le matériel nécessaire, puis réalise l'expérience du **DOC. 3** avec ton professeur.

....
....
....
....

Ce qui se passe

■ Note les résultats obtenus : écris la température observée dans le tableau.

Temps	Au départ	2 min	4 min	6 min	8 min	10 min	12 min	14 min	16 min	18 min
Température	.....°C	.....°C	.....°C	.....°C	.....°C	.....°C	.....°C	.....°C	.....°C	.....°C

Ce que je comprends

■ Réponds aux questions suivantes.

– Quelle température affiche le thermomètre quand l'eau commence à bouillir ?
.................°C

– La température augmente-t-elle encore à partir de ce moment ?
....
....

– Qu'a fait le niveau de l'eau dans la casserole ? À ton avis, pourquoi ?
....
....
....

3 Le **DOC. 4** présente un graphique réalisé par deux élèves qui ont fait la même expérience que toi. Repasse en rouge la partie de la courbe où la température ne varie pas.

■ Complète la phase suivante :

Pendant tout le temps où ....
.... se produit,
la température ne varie pas :
c'est un ....

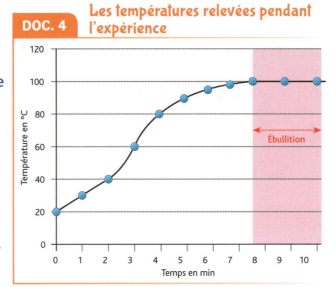

DOC. 4 Les températures relevées pendant l'expérience

Comment faire disparaitre de l'eau sans la faire bouillir ?

4 Voici trois expériences pour faire disparaitre plus rapidement l'eau d'un verre.

Ce que je fais

■ Liste le matériel nécessaire, puis réalise ces expériences.

....
....

Expérience 1

Le verre témoin   Ce que je change

Expérience 2

Le verre témoin   Ce que je change

Expérience 3
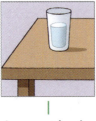 
Le verre témoin   Ce que je change

Ce qui se passe

■ Note les résultats que tu as observés après quelques jours dans ton cahier de chercheur. Tu peux faire des schémas ou décrire en quelques phrases.

Lorsque l'eau disparait sans qu'on la fasse bouillir, on dit qu'elle s'est évaporée.

Ce que je comprends

■ Complète le tableau :

– coche les cases dans la première colonne en fonction de tes observations ;
– complète les conclusions avec les mots suivants : température – ventilation – surface.

	L'évaporation a été plus rapide	Ce que j'en conclus sur les facteurs favorisant l'évaporation
Expérience 1	☐ dans le verre témoin ☐ dans l'autre dispositif	Plus la .... en contact avec l'air est grande, plus l'évaporation est rapide.
Expérience 2	☐ dans le verre témoin ☐ dans l'autre dispositif	Plus la .... est élevée, plus l'évaporation est rapide.
Expérience 3	☐ dans le verre témoin ☐ dans l'autre dispositif	Plus la .... est importante, plus l'évaporation est rapide.

J'ai compris que...

Les mots clés
ébullition
évaporation
température
surface
ventilation
facteurs

37

10 Qu'est devenue l'eau qui a disparu ?

Je me demande

1 Observe le **DOC. 1**. À ton avis, qu'est devenue l'eau liquide ?

....

....

DOC. 1 La casserole et le verre contenaient de l'eau

Je cherche

● **Où est passée l'eau ? En quoi s'est-elle transformée ?**

2 Des élèves ont mené les expériences des **DOC. 2** et **3**.

DOC. 2 Un miroir est placé au-dessus d'une casserole d'eau bouillante

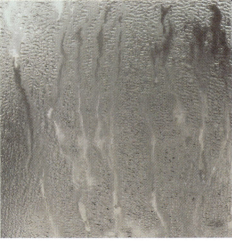

38

| DOC. 3 | Une bouteille d'eau est sortie du réfrigérateur |

■ **Réponds aux questions pour comprendre le phénomène.**

– Que vois-tu sur le miroir et sur la bouteille ?

....

....

– À ton avis, d'où cela vient-il ?

....

....

....

....

3 **Réponds à ces questions.**

– Dans l'air, il y a de l'eau sous forme de vapeur. ☐ Vrai ☐ Faux
– L'eau ne peut pas disparaitre, elle se transforme. ☐ Vrai ☐ Faux

4 **Complète ces phrases.**

Pendant l'ébullition ou l'évaporation, l'eau liquide devient de la .... :
c'est la **vaporisation**. La vaporisation est plus .... par ébullition
que par évaporation.

En contact avec une surface froide, la vapeur d'eau redevient de .... :
c'est la **condensation**.

La vapeur correspond à l'**état gazeux** de l'eau.

Le mot juste
On utilise souvent le mot « condensation » quand la vapeur d'eau devient de l'eau liquide. Les scientifiques, eux, utilisent le mot « liquéfaction ».

J'ai compris que...

Les mots clés
eau liquide
vaporisation
ébullition
évaporation
vapeur d'eau
état gazeux
condensation

11 Où trouve-t-on de l'air ?

Je me demande

1 Que met l'enfant dans le ballon (**DOC. 1**) ?

....
....
....

■ À ton avis, où cela se trouvait-il avant d'être dans le ballon ?

....
....
....
....

DOC. 1 Gonflage d'un ballon

Je cherche

● À quels endroits peut-on capturer de l'air ?

2 Comme les enfants du **DOC. 2**, essaie de capturer de l'air à différents endroits.

DOC. 2 Des élèves essaient d'emprisonner de l'air dans des sacs en plastique

■ **Réponds aux questions suivantes.**

– À quoi remarques-tu que tu as réussi à emprisonner de l'air ?

....

....

....

– À quels endroits as-tu réussi à emprisonner de l'air ?

....

....

....

– Que conclus-tu ?

....

....

....

Comment être sûr que l'air est présent ?

3 Propose une expérience qui te permettrait de prouver la présence de l'air.
Tu peux utiliser : un ventilateur, des feuilles, un foulard, un sac en plastique...

Ce que je fais

■ **Dessine ton expérience, puis réalise-la.**

Ce qui se passe

■ **Note les résultats obtenus.**

....

....

....

....

....

Ce que je comprends

■ **Réponds aux questions suivantes.**

– As-tu réussi à rendre l'air visible ?

....

....

– À quoi repères-tu la présence de l'air dans ton expérience ?

....

....

....

....

4 Réalise le montage du **DOC. 3** pour matérialiser la présence de l'air.

■ **Lâche le ballon, puis explique ce qui s'est passé.**

DOC. 3 | Montage pour prouver la présence de l'air

....

....

....

....

....

....

■ **Complète la phrase :**

Je peux prouver la présence de l'air, car l'air en .... fait bouger les objets.

Je peux donc utiliser la force de l'air pour .... des objets.

J'ai compris que...

Les mots clés
air
volume
invisible
mouvement
objet

12 L'air, qu'est-ce que c'est ?

Je me demande

1 Observe le **DOC. 1**, puis réponds aux questions.

– Si les enfants gonflent davantage leur ballon, penses-tu qu'il sera plus lourd ? Pourquoi ?

....
....
....

– Pourquoi le parachutiste ne tombe-t-il pas selon toi ? Qu'est-ce qui retient son parachute ?

....
....
....

– À ton avis, l'air est-il une matière ? Pourquoi ?

....
....
....

DOC. 1 Des enfants dans la cour

Je cherche

L'air a-t-il une masse ?

2 Réalise l'expérience du **DOC. 2**, puis réponds aux questions.

– Quelle est la masse du ballon légèrement gonflé ?

....

– Quelle est la masse du ballon bien gonflé ?

....

DOC. 2 Une expérience avec un ballon

308 g — Il est légèrement gonflé
314 g — Il est bien plus gonflé

43

■ Que peux-tu en déduire ? L'air est-il pesant ?

....

....

L'air occupe-t-il toujours le même volume ?

3 Réalise l'expérience du **DOC. 3**, puis coche VRAI ou FAUX pour chaque affirmation.

– Quand on appuie sur le piston, l'air s'échappe. Vrai ☐ Faux ☐

– Quand on appuie sur le piston, le volume de l'air diminue. Vrai ☐ Faux ☐

– Quand on étire le piston, l'air ne peut pas entrer, Vrai ☐ Faux ☐
il est bloqué par le doigt.

– Quand on tire sur le piston, le volume de l'air augmente. Vrai ☐ Faux ☐

DOC. 3 Le volume de l'air à trois moments différents

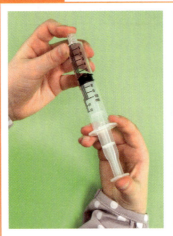  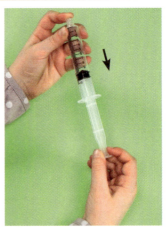

1ʳᵉ étape : on enferme de l'air dans une seringue. On bouche la seringue.

2ᵉ étape : on appuie sur le piston en gardant la seringue bouchée.

3ᵉ étape : on tire sur le piston en gardant la seringue bouchée.

Le mot juste
Dans la vie de tous les jours, quand on parle d'une bouteille vide ou d'un verre vide, on veut dire qu'il n'y a rien de solide ou de liquide (donc rien de visible) à l'intérieur. Pour un scientifique, cette bouteille ou ce verre sont pleins d'air. Ils ne sont donc pas vides.

● L'air peut-il ralentir la chute d'un objet ?

4 Fabrique un parachute en suivant les indications du **DOC. 4**.

DOC. 4 La fabrication du parachute

1. Découpe un carré de 20 cm de côté dans un sac en plastique.

2. Attache à chaque coin un bout de ficelle de 20 cm de longueur avec du ruban adhésif.

3. Noue ensemble les quatre bouts de ficelle et scotche le nœud à un bouchon en liège ou à une petite figurine

■ Commence par lâcher le bouchon seul et chronomètre la durée de la chute. Lâche le bouchon attaché au parachute de la même hauteur et chronomètre.

– Durée de la chute du bouchon seul : ....

– Durée de la chute du bouchon attaché au parachute : ....

■ À ton avis, pourquoi le bouchon attaché au parachute tombe-t-il plus lentement ?

....
....

J'ai compris que...

Les mots clés
air
matière
masse
volume
compressible
résistant

Bilan — La matière

Ce que je sais maintenant sur l'eau

▶ Dans la nature, je peux trouver de l'eau sous trois états différents : l'**état solide** (la glace), l'**état liquide** et l'**état gazeux** (la vapeur d'eau).

▶ **L'eau peut changer d'état** et je connais les noms de **ces changements d'état**.

▶ Pour l'**eau**, la **fusion** et la **solidification** s'effectuent à une température bien précise de **0 °C**.

▶ Pendant tout le temps où le **changement d'état** se produit (tant qu'il y a de l'eau solide et de l'eau liquide), la température ne varie pas : c'est un **palier**.

▶ Le passage de l'état liquide à l'état gazeux (la **vaporisation**) peut s'effectuer de deux façons différentes : par **ébullition** ou par **évaporation**.

▶ Pour l'**eau**, l'**ébullition** se produit à une température de **100 °C**.

▶ Il y a plusieurs **facteurs** qui permettent à l'eau de s'**évaporer** plus rapidement : la **température**, la **ventilation** et la **surface de contact entre l'eau et l'air**.

▶ La vapeur d'eau est invisible. Lorsqu'elle rencontre une **surface froide**, elle **se condense** sous la forme de minuscules gouttelettes d'eau liquide qui restent en suspension dans l'air (brouillard) ou se déposent sur une vitre (buée).

Du brouillard

De la buée

Ce que je sais maintenant sur l'air

▶ L'air existe, il est **partout** autour de nous. Il occupe un certain **volume**.

▶ L'air est **invisible**, mais je peux observer sa présence quand **il se déplace** (le vent) et quand **il fait bouger des objets**.

▶ L'air est de la **matière**. Il possède une **masse**.

▶ On peut réduire le volume de l'air en le comprimant : on dit que l'air est **compressible**.

▶ Un parachute fonctionne grâce à la **résistance de l'air** : l'air ralentit sa chute.

Maintenant je sais faire...

▶ **Choisir et utiliser le matériel adapté pour réaliser une expérience** afin de déterminer la température de fusion et de solidification de l'eau.

▶ **Mener une observation en suivant un protocole expérimental** afin de montrer que l'air a une masse.

▶ **Conduire correctement un protocole expérimental en utilisant un raisonnement rigoureux** : je ne dois faire varier qu'un paramètre à la fois pour pouvoir déterminer les facteurs qui favorisent l'évaporation de l'eau.

▶ **Extraire d'une ressource documentaire une information qui répond à une question** : j'interprète un **graphique** qui représente l'évolution de la température lors d'un changement d'état de l'eau.

▶ **Interpréter une photographie** pour comprendre que l'air qui nous entoure contient de l'eau à l'état gazeux.

Les objets techniques

Ce que je sais déjà sur les objets fabriqués

Chaque jour, dans leur métier ou à la maison, les hommes et les femmes utilisent des **outils** ou des **techniques** spécifiques.

Le coiffeur utilise des ciseaux

Le maçon utilise une truelle

Le treuil est un **objet technique**, fabriqué par l'homme, pour déplacer une charge.

Un treuil

Un treuil peut lever une charge

Ce que je sais déjà sur les objets électriques

Pour allumer une lampe loin d'une pile, je dois relier la lampe et la pile avec des fils électriques : c'est un **circuit électrique**.

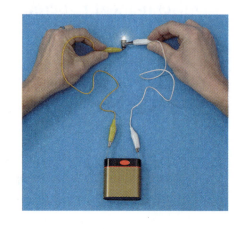

48

Pour ouvrir ou fermer rapidement un circuit, on peut utiliser un **interrupteur**.

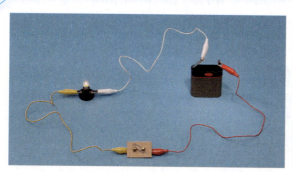
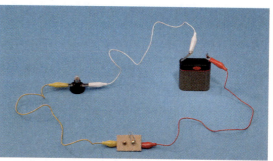

Quand l'interrupteur est fermé, le circuit est fermé, le courant circule.

Quand l'interrupteur est ouvert, le circuit est ouvert, le courant ne circule pas.

Ce que je sais déjà sur le traitement de texte...

Quand j'utilise un traitement de texte, je peux **sélectionner** un texte pour le **copier** et le **coller** à un autre endroit.

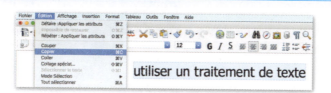

Pour écrire les marques de **ponctuation**, je sais comment utiliser les touches « MAJ » ou « ALT GR » du clavier.

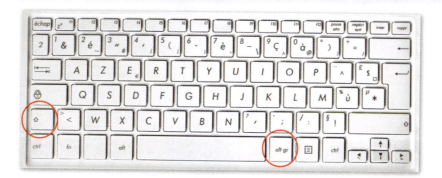

Pour écrire une voyelle avec un accent circonflexe, j'appuie d'abord sur la touche ^, puis sur la touche de la voyelle.

Pour écrire le mot « forêt », je tape sur les touches dans cet ordre :

13 Comment faire circuler le courant électrique dans un circuit ?

Je me demande

1 Dans une classe de CE2, des élèves ont fabriqué un jeu de questions-réponses électrique dont le testeur réagit différemment suivant les réponses (**DOC. 1 et 2**).

■ Que peux-tu dire du circuit électrique et du courant :

– quand la lampe s'allume ?

....
....
....
....

– quand la lampe ne s'allume pas ?

....
....
....
....

DOC. 1 La lampe du testeur est allumée

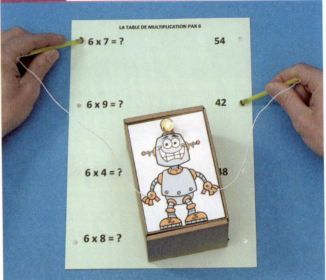

■ À ton avis, quels matériaux les élèves ont-ils utilisés pour fabriquer le circuit électrique de leur testeur ?

....
....
....
....
....

DOC. 2 La lampe du testeur est éteinte

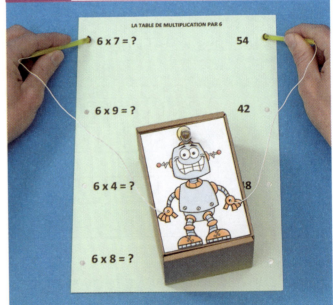

50

Je cherche

Comment savoir quels matériaux conduisent l'électricité ?

2 Observe le **DOC. 3**. À ton avis, comment cette expérience peut-elle t'aider à savoir si un matériau laisse passer l'électricité ?

....
....

DOC. 3 Un montage comparable à celui du testeur

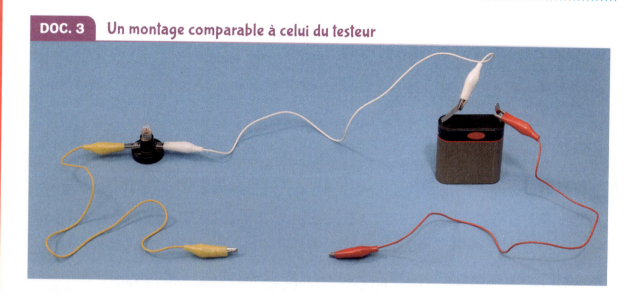

Ce que je fais

■ Liste le matériel nécessaire au montage, puis mets-le en place.

....
....

Les résultats

■ Teste ton dispositif avec différents petits objets de la classe et indique les résultats dans le tableau de la page suivante.

Un matériau qui laisse passer le courant électrique est un *matériau conducteur*.
Un matériau qui ne laisse pas passer le courant électrique est un *matériau isolant*.

Le mot juste
Dans la vie courante, on dit parfois « fermer la lumière » pour « éteindre la lumière ». En réalité, pour éteindre la lumière, on ouvre le circuit électrique et, pour allumer la lumière, on ferme le circuit.

Les résultats

■ Note les matériaux que tu as testés dans la première colonne, puis :

– coche ⬜ si le matériau a laissé passer le courant électrique ;

– coche ⬜ si le matériau n'a pas laissé passer le courant électrique.

■ Colorie en rouge les matériaux conducteurs.

Matériaux		
....		
....		
....		
....		
....		
....		

Ce que je comprends

■ Quand on ferme le circuit du testeur avec un matériau conducteur :

– que fait le courant électrique ? ....

– que fait la lampe ? ....

J'ai compris que...

Les mots clés
isolant
conducteur
circuit fermé

14 Fabriquons un jeu de questions-réponses

Matériel

● Pour le testeur :
- une boite en carton
- une image pour la décorer (par exemple un robot)
- une vrille
- une petite lampe
- une douille
- du fil électrique (environ 1 mètre)
- une pile plate
- une paille de petit diamètre
- deux trombones
- deux attaches parisiennes
- du ruban adhésif

● Pour les fiches :
- des feuilles cartonnées (format A4)
- une perforeuse 4 trous (pour feuilles A4)
- du papier aluminium
- un bâton de colle
- du ruban adhésif
- des ciseaux

Je réalise le testeur

● Le corps du testeur

a. Colle l'image sur le couvercle de la boite. Perce deux trous (un pour chaque main du robot) avec la vrille.

b. Perce un autre trou à l'endroit où tu souhaites positionner la lampe. Élargis-le progressivement pour faire passer la douille par l'intérieur de la boite.

c. Positionne la pile dans la boite à l'endroit où elle gêne le moins et fixe-la avec du ruban adhésif.

d. Coupe un fil électrique de 10 à 15 cm de long et dénude ses deux extrémités.

e. Entoure une extrémité du fil autour d'un trombone. Place-le sur la borne de la pile. Enroule l'autre extrémité sur une patte de la douille.

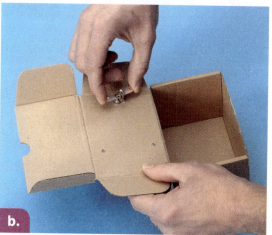

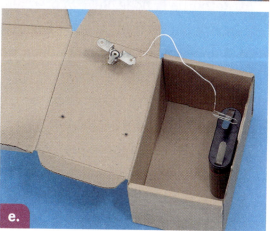

● **Les bras du testeur**

a. Coupe un fil électrique de 40 cm de long et dénude ses extrémités.

b. Coupe la paille en deux.

c. Entoure une extrémité du fil dénudé autour d'une attache parisienne. Pour que le fil reste bien accroché, recourbe les pattes de l'attache parisienne. Enfonce l'attache parisienne et le fil dans la paille.

d. Insère l'autre l'extrémité du fil dans un des trous faits dans les mains du robot. Attache-la à l'autre borne de la pile avec un trombone.

e. Prépare la seconde branche en suivant les étapes **a.** à **c.** Insère l'extrémité du fil dans le trou de la seconde main. Enroule-la sur l'autre patte de la douille.

f. Ferme la boite. Visse la lampe dans la douille. Vérifie ton circuit en mettant en contact les deux attaches parisiennes : la lampe doit s'allumer.

c.

d.

e.

● **Je réalise une fiche questions-réponses**

a. Fais quatre trous de chaque côté de la feuille cartonnée avec la perforeuse.

b. Note le titre de ta fiche en haut de la feuille. Écris une question à côté de chaque trou à gauche. Écris les réponses à droite, mais dans un ordre différent (la réponse ne doit pas se trouver face à la question).

c. Découpe quatre bandes de 1 cm de largeur et de 30 cm de longueur dans l'aluminium.

d. Retourne la fiche. Relie la première question à sa réponse par un trait de colle. Positionne une bande d'aluminium sur ce trait. Les deux trous doivent être bien recouverts d'aluminium.

e. Recouvre entièrement la bande d'aluminium avec du ruban adhésif pour la maintenir en place et l'isoler des autres bandes. Découpe les morceaux qui dépassent.

f. Procède de la même façon pour toutes les questions.

g. Ton jeu est prêt ! Tu peux jouer avec et créer autant de fiches que tu le souhaites.

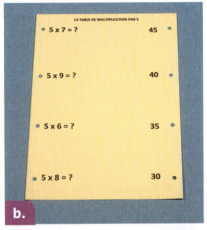
b.

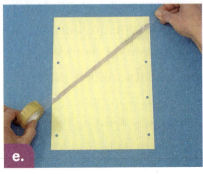
e.

15 Comment se protéger des dangers de l'électricité ?

Je me demande

1 Observe le **DOC. 1**. D'après toi, que se passe-t-il dans le corps en cas d'électrocution ?

....
....
....
....

DOC. 1 — Un panneau près de câbles à haute tension

■ Penses-tu que le courant du secteur, qui vient des lignes électriques, est plus dangereux ou moins dangereux que celui des piles plates ?

....

Je cherche

● Qu'est-ce qu'une électrocution ?

2 Lis le **DOC. 2**, puis souligne dans le texte les effets sur le corps d'une électrocution.

DOC. 2 — Le courant du secteur

L'électricité, c'est magique ! On branche un appareil et ça marche. Du coup, on oublie parfois que ça peut être dangereux si on ne l'utilise pas avec précaution.
Ça t'est déjà arrivé de sentir une petite décharge qui pique les doigts en touchant un appareil électrique ? Tu as été électrisé ! Ce n'est pas grave, juste très désagréable. Mais il faut vite faire réparer ton appareil parce que ça peut devenir plus dangereux.
Le plus grand danger, c'est l'électrocution : quand une personne reçoit une décharge électrique vraiment très forte, ses muscles se contractent et le cœur, qui est un muscle, peut s'arrêter.

L'École de l'énergie, Les bons gestes sécurité, ©EDF 2011

Pourquoi peut-on s'électrocuter ?

2 Observe le montage du **DOC. 3**

DOC. 3 Un montage avec une DEL et des fils électriques plongés dans l'eau

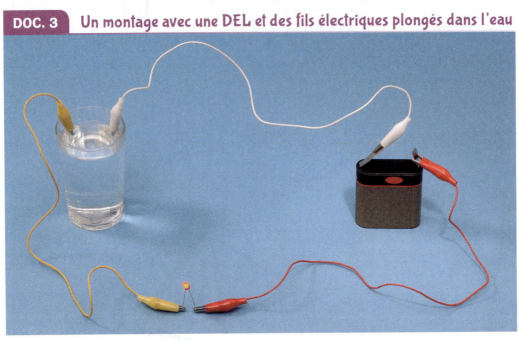

■ Réponds aux questions :

– Les deux fils qui sont plongés dans l'eau sont-ils en contact ?   ☐ Oui   ☐ Non
– Le circuit électrique est-il fermé ?   ☐ Oui   ☐ Non
– Comment expliques-tu que la DEL brille ?

....
....
....

3 Lis le **DOC. 4**.

■ Que peux-tu conclure de ta lecture et de l'expérience du **DOC. 3** à propos du corps humain et du courant électrique ?

DOC. 4 L'eau dans le corps humain

L'eau est le principal constituant du corps humain.
La quantité moyenne d'eau contenue dans un organisme adulte est de 65 %, ce qui correspond à environ 45 litres d'eau pour une personne de 70 kilogrammes.

Découvrir l'eau © CNRS.

....
....
....
....

56

Comment éviter les risques d'électrocution ?

4 Observe ces situations. Barre en rouge celles qui présentent des risques d'électrocution, puis indique les règles de sécurité à respecter.

Situations	Règles de sécurité à respecter
	....
	....
	....
	....

J'ai compris que...

Les mots clés
électrocution
électricité
corps humain
conducteur
danger mortel
arrêt du cœur
règle de sécurité

16 Utilisons le traitement de texte pour écrire un compte rendu

Je rédige un document avec le traitement de texte

● Sur le bureau de ton ordinateur, avec le bouton gauche de la souris, effectue un doubleclic sur l'icône (le symbole) du logiciel de traitement de texte pour le démarrer.

Une page blanche s'ouvre sur ton écran, tu peux commencer à rédiger ton texte.

● Pense à enregistrer ton travail pour que l'ordinateur le garde en mémoire. Pour cela, clique, en haut à gauche, sur l'icône 💾 .
La première fois, le menu « Enregistrer sous » apparait : tu dois alors noter le nom que tu veux donner à ton document.
Par exemple :

● Demande à ton enseignant dans quel dossier tu dois l'enregistrer.
(Rappel : les dossiers sont représentés en jaune 📁 ; dans un dossier on peut ranger d'autres dossiers ou des fichiers.)

● Ensuite, enregistre régulièrement ton document. Ainsi, ton travail ne sera pas perdu en cas de problème (comme une coupure de courant).

Je prépare mon compte rendu d'expérience

● Nous allons maintenant apprendre à utiliser le traitement de texte pour rédiger un compte rendu d'expérience. Dans ton cahier, tu as déjà réalisé plusieurs expériences ; à chaque fois, la démarche scientifique s'articulait autour des étapes suivantes :
  – ce que je me demande (le problème scientifique sur lequel j'émets des hypothèses) ;
  – ce que je fais ;
  – ce qui se passe ;
  – ce que je comprends.
Ces points doivent donc apparaitre dans ton compte rendu d'expérience.

● Pense aussi à utiliser un vocabulaire précis.

● Aide-toi du modèle de compte rendu de la page suivante.

Je rédige mon compte rendu d'expérience

(Les mots en gras sont expliqués dans les pages qui suivent.)

Quel problème est-ce que je me pose ?

Ce que je pense (mes hypothèses)

Ce que je fais

Nous avons pris une pile plate, une lampe avec une douille, un interrupteur et trois fils électriques.
À l'aide du premier fil, nous avons relié la pile à l'interrupteur. Avec le deuxième fil, nous avons relié l'interrupteur à la lampe et avec le troisième fil la lampe à la pile.

Ce qui se passe

Ce que je comprends

Ton titre peut se présenter sous la forme d'une question. Il peut être **centré** et écrit en **gras**.

Les quatre temps de la démarche scientifique doivent apparaitre. Ils peuvent être **alignés** à gauche et **soulignés**.

Ton texte peut être écrit en **italique** et **justifié**.

Tu peux laisser un espace vide à cet endroit si tu souhaites ajouter un dessin après avoir **imprimé** ton document.

Je mets en forme mon compte rendu

● Pour mettre en forme ton compte rendu, retrouve, en haut de l'écran, ces deux zones :

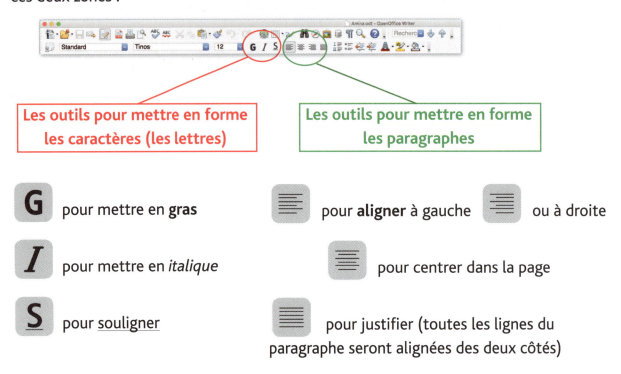

Les outils pour mettre en forme les caractères (les lettres)

Les outils pour mettre en forme les paragraphes

G pour mettre en **gras**

I pour mettre en *italique*

S pour souligner

pour **aligner** à gauche   ou à droite

pour centrer dans la page

pour justifier (toutes les lignes du paragraphe seront alignées des deux côtés)

● Pour utiliser ces fonctionnalités, sélectionne le texte ou le paragraphe que tu veux modifier, puis clique sur la mise en forme désirée.
Par exemple :

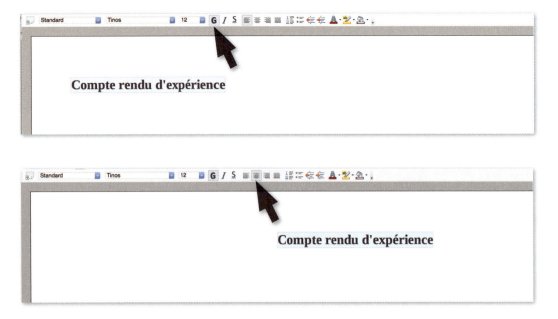

60

J'utilise le correcteur orthographique

- Tu as sans doute remarqué en écrivant ton texte que certains mots étaient soulignés automatiquement en rouge.

Le traitement de texte est équipé d'un correcteur orthographique. Il signale les mots qu'il ne reconnait pas ou qui sont mal orthographiés. Il propose d'autres mots pour les remplacer.

- Pour voir les propositions du correcteur, place le curseur de la souris sur le mot et effectue un clic droit. Un cadre apparait.
Ici, on cliquerait sur « expérience » :

Je relis mon texte, je le révise, je l'imprime

- Lorsque tu as fini ce premier travail sur le texte, utilise le tableau suivant pour vérifier que tu n'as rien oublié (tu peux cocher les cases au fur et à mesure).

J'ai écrit mon titre sous la forme d'une question.	
J'ai fait apparaitre les quatre temps de la démarche scientifique.	
J'ai utilisé un vocabulaire précis.	
J'ai rectifié les répétitions, les oublis.	
J'ai respecté les règles de ponctuation, les majuscules.	
J'ai corrigé les mots soulignés en rouge à l'aide du correcteur orthographique.	
J'ai mis en forme mon texte (titre centré et en gras, texte justifié…).	

- Ton texte est prêt, tu peux maintenant l'imprimer :

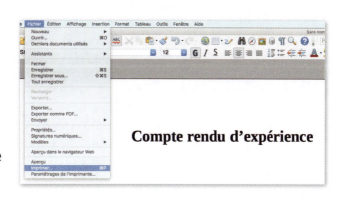

Si tu veux imprimer ton texte en plusieurs exemplaires, tu peux choisir le nombre de copies :

Bilan

Les objets techniques

Ce que je sais maintenant sur les objets électriques

▶ Les matériaux qui laissent passer le courant sont appelés matériaux **conducteurs**. Parmi eux, on trouve les métaux (cuivre, aluminium, fer…), mais aussi l'eau.

▶ Les matériaux qui ne laissent pas passer le courant sont appelés matériaux **isolants**. C'est le cas par exemple du bois, du papier, du plastique, du caoutchouc, du ruban adhésif…

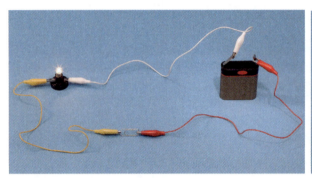

Le métal est conducteur, le courant circule, la lampe s'allume.

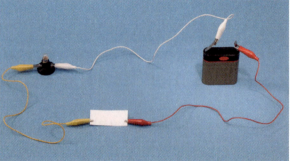

Le papier est isolant, le courant ne circule pas, la lampe ne s'allume pas.

▶ Le courant du secteur est dangereux : il peut provoquer des brulures et des électrocutions. L'eau, qui est conductrice comme le corps, augmente les risques d'électrocution.

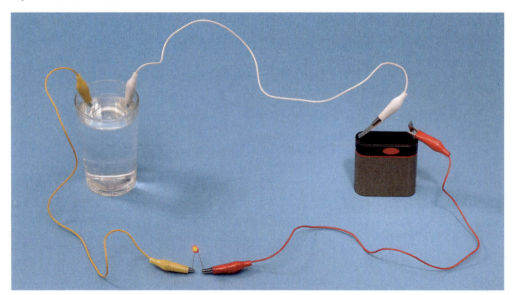

Ce que je sais maintenant sur le traitement de texte

▸ Les logiciels de traitement de texte proposent des outils pour **mettre en forme les caractères** (gras, italique, souligné) ou **les paragraphes** (aligner à gauche, aligner à droite, centrer, justifier).

▸ Le **correcteur orthographique** permet de corriger des erreurs d'orthographe.

Maintenant je sais faire

▸ **Pratiquer une démarche scientifique :** avec l'aide du professeur, j'ai observé, je me suis questionné(e), j'ai expérimenté et compris comment fonctionnait un jeu de questions-réponses électrique. J'ai pratiqué une démarche d'investigation.

▸ **Réaliser un objet électrique simple :** j'ai fabriqué un jeu de questions-réponses en utilisant mes connaissances sur l'électricité et en utilisant une fiche technique.

▸ **S'approprier des outils et des méthodes :** j'ai utilisé le matériel proposé pour réaliser le jeu de questions-réponses électrique, je l'ai manipulé avec soin.

▸ **Pratiquer des langages, mobiliser des outils numériques :** à l'aide du traitement de texte, je sais restituer les résultats d'une observation en élaborant une fiche de compte rendu d'expérience.

▸ **Extraire d'un texte documentaire une information qui répond à une question :** j'ai exploité le texte sur les effets de l'électrocution sur le corps.

▸ **Adopter un comportement responsable :** je sais comment éviter de créer des situations dangereuses liées à l'électricité et, ainsi, me protéger de ces dangers.

Table des illustrations

3-h ph © Elke Borkowski / GAP / Biosphoto
3-m ph © svetok30 / Shutterstock
3-b ph © Frédéric Hanoteau
4-hg ph © Sylvain Cordier / Biosphoto
4-hd ph © Samuel Blanc / Biosphoto
4-bd ph © Elke Borkowski / GAP / Biosphoto
4-bg ph © Toanet / Fotolia
5-g ph © P. Hussenot / PhotCuisine / Corbis
5-m ph © Roulier / Turiot / PhotoCuisine / Corbis
5-d ph © Gérard Houin / BSIP
6 ph © J.-M. Labat & Y. Lanceau / Biosphoto
10-hg ph © Pascal Goetgheluck / Biosphoto
10-hmg ph © Hans Pfletschinger / Biosphoto
10-hmd ph © Ronald Bosma / Biosphoto
10-hd ph © Maryann Frazier / Photo Researchers / Biosphoto
15 ph © Laurent Cerino / Réa
16-1 ph © Benoît Decout / Réa
16-2 ph © James Leynse / Réa
16-3 ph © STRINGER Image / Shutterstock
16-4 ph © Pierre Bessard / Réa
16-5 ph © Benoît Decout / Réa
16-6 ph © Wout Hendrickx / Reporters-Réa
16-7 ph © raevas / Shutterstock
16-8 ph © Robert Galbraith / The New York Times / Réa
16-9 ph © Benoît Decout / Réa
16-10 ph © D.R.
16-11 ph © 3drenderings / Shutterstock
16-12 ph © Africa Studio / Shutterstock
16-13 ph © daboost / Fotolia
17-1g ph © design56 / Fotolia
17-1mg ph © Grigvovan / Shutterstock
17-1m ph © Hong Vo / Shutterstock
17-1md ph © alswart / Fotolia
17-1d ph © Lora liu / Shutterstock
17-2 ph © Hamilton / Réa
23 ph © Archives Hatier
24-1, 2 ph © Archives Hatier
24-3 ph © nito / Shutterstock
24-4 ph © Archives Hatier
24-5 ph © Image Source / Photononstop
24-6, 7 ph © Archives Hatier
24-8 ph © Phovoir
24-9 ph © J.-Y. Gropas / Biosphoto

24-10 ph © Archives Hatier
24-11 ph © Photodisc
24-12 ph © Archives Hatier
24-13 ph © Elena Schweitzer / Fotolia
24-14 ph © Marco Mayer / Fotolia
27-g ph © Mc Photo / Vario Creative / Photononstop
27-d ph © Frédéric Hanoteau / Archives Hatier
28 ph © Frédéric Hanoteau / Archives Hatier
29-1 ph © Marisol Ogando Montes / Shutterstock
29-2 ph © Frédéric Hanoteau
32, 35 ph © Frédéric Hanoteau / Archives Hatier
38-1g ph © Frédéric Hanoteau / Archives Hatier
38-1d ph © neung_pongsak / Shutterstock
38-2g ph © Frédéric Hanoteau / Archives Hatier
38-2d ph © Frédéric Hanoteau / Archives Hatier
39 ph © Mariyana M / Shutterstock
40 ph © Mauritius / Photononstop
42, 43 ph © Frédéric Hanoteau / Archives Hatier
44 ph © Frédéric Hanoteau / Archives Hatier
46-g ph © Matt Gibson / Shutterstock
46-d ph © fStop Images GmbH / Shutterstock
47-h ph © svetok30 / Shutterstock
47-m ph © Kami / ArabianEye-Réa
48-hg ph © Tyler Olson / Shutterstock
48-hd ph © Breedfoto / Shutterstock
48-mg ph © dsteller / iStock / Getty Images
48-md ph © Jean-Pierre Clatot / AFP
48-b ph © Frédéric Hanoteau
49-h ph © Frédéric Hanoteau
49-b ph © Delphotostock / Fotolia
50 © Kenneth Benner / dreamstime.com (le robot)
50-1 ph © Frédéric Hanoteau
50-2 ph © Frédéric Hanoteau
51 ph © Frédéric Hanoteau
53, 54 ph © Frédéric Hanoteau
55 ph © Michel Gile / Sipa Press
56, 62 ph © Frédéric Hanoteau

D.R. : Malgré nos efforts, il nous a été impossible de joindre certains photographes ou leurs ayants droit, ainsi que les éditeurs ou leurs ayants droit pour certains documents, afin de solliciter l'autorisation de reproduction, mais nous avons réservé en notre comptabilité des droits usuels.

Suivi éditorial : Fabienne Hélou

Principe maquette : Massimo Miola

Maquette : Sophie Duclos

Mise en pages : Dany Mourain

Illustrations : Sophie Beaujard

Iconographie : Brigitte Célérier / Hatier Illustration